PENSIERI LENTI E VELOCI

Riassunto & analisi
del libro di Daniel Kahneman

50MINUTES.com

Book Review

PENSIERI LENTI E VELOCI

Riassunto & analisi
del libro di Daniel Kahneman

scritto da Dries Glorieux
tradotto par Sara Rossi

50MINUTES.com

PENSIERI LENTI E VELOCI

UN LIBRO SULLE FALLACIE CHE POSSONO COMPROMETTERE IL PROCESSO DECISIONALE UMANO

A partire dagli anni Settanta, Daniel Kahneman e il suo collaboratore di lunga data Amos Tversky hanno sconvolto la saggezza convenzionale scavando a fondo nei meccanismi (difettosi) che gli esseri umani utilizzano per prendere decisioni. 40 anni dopo queste intuizioni sono state riunite in *Thinking, Fast and Slow (Pensieri lenti e veloci)* con l'obiettivo di farle conoscere a un pubblico più vasto di quanto fosse stato fino allora.

Identificando due diversi sistemi di pensiero (denominati semplicemente Sistema 1 e Sistema 2, ovvero lenti e veloci), il libro chiarisce l'origine di questi meccanismi e le condizioni in cui possono verificarsi. I capitoli centrali approfondiscono alcuni dei meccanismi specifici identificati negli articoli di Kahneman e Tversky degli anni Settanta e il modo in cui rimangono rilevanti per le discussioni odierne.

Il libro è il coronamento di quattro decenni di ricerca sul processo decisionale umano da parte di Daniel Kahneman, e sta guidando un'ondata ancora crescente di ricerche sugli argomenti inclusi nel libro.

Edizione di riferimento: Kahneman, D. (2011) *Thinking, Fast and Slow*. New York: Penguin.

1a edizione: 2011

Autore: Daniel Kahneman (psicologo ed economista israelo-americano, nato il 5 marzo 1934)

Campi: psicologia, economia

Parole chiave:

- <u>Euristica</u>: una "scorciatoia" mentale che le persone utilizzano per formulare giudizi in situazioni complesse in cui non ci sono prove sufficienti per formulare un giudizio pienamente fondato.

- <u>Bias</u>: deviazione sistematica da una certa norma o razionalità nel giudizio come conseguenza dell'uso continuo di euristiche.

- <u>Teoria del prospetto</u>: modello descrittivo introdotto da Kahneman e Tversky per analizzare il processo decisionale nella vita reale in contrapposizione al processo decisionale ottimale. Il modello afferma che le persone non prendono decisioni in base ai risultati potenziali, ma al peso attribuito alle perdite e ai guadagni potenziali. La probabilità di tali perdite e guadagni è influenzata dall'euristica.

- <u>Ancoraggio</u>: un'euristica specifica che influenza la percezione dell'importanza nel prendere una decisione a causa di alcune informazioni presentate per prime. Sulla base di tale informazione, una persona formerà un giudizio sulle informazioni successive, influenzando il giudizio a favore della prima informazione.

- <u>Effetto dotazione</u>: euristica che spiega la discrepanza tra il valore attribuito a un oggetto già posseduto e il valore attribuito a un oggetto non posseduto, nonostante questi due oggetti abbiano lo stesso valore. Le persone sono meno disposte a separarsi da qualcosa che possiedono in cambio di qualcos'altro di pari valore. In termini economici, questo si traduce in una grande differenza tra la cosiddetta Disponibilità a pagare (quanto si è disposti a pagare per un bene) e la Disponibilità ad accettare (la quantità minima di denaro che si è disposti ad accettare per un bene pur di separarsene).

- <u>Disponibilità</u>: scorciatoia mentale che assegna una maggiore importanza al ricordo delle cose. Ad esempio, gli incidenti aerei sono eventi rari, ma a causa della loro alta visibilità sono una fonte di paura frequente per molte persone che devono prendere un aereo. Gli incidenti d'auto, invece, si verificano molto più frequentemente, ma non se ne parla altrettanto a causa della bassa salienza.

CONTESTO

L'AUTORE

Daniel Kahneman è nato il 5 marzo 1934 a Tel Aviv, in quella che allora era ancora la Palestina mandataria. Si è laureato in Psicologia con una specializzazione in Matematica presso l'Università Ebraica di Gerusalemme, dopodiché ha lavorato per le Forze di Difesa israeliane fino alla partenza per gli Stati Uniti nel 1958 per intraprendere gli studi di dottorato in Psicologia presso l'Università della California, a Berkeley. Da allora è professore emerito di psicologia e affari pubblici all'Università di Princeton.

È noto soprattutto per la sua lunga collaborazione con lo psicologo Amos Tversky, con il quale ha condotto le ricerche sul processo decisionale che gli sono valse il Premio Nobel per le Scienze Economiche nel 2002 (Tversky è morto nel 1996). Oltre al Premio Nobel, nel 2013 ha ricevuto anche la Medaglia presidenziale della libertà. La sua influenza accademica si è estesa al di là del campo della psicologia in altri campi come l'economia e le scienze politiche, come testimoniano le 350000 citazioni presenti in Google Scholar. In particolare, le sue ricerche hanno avuto un ruolo molto significativo nel contribuire a fondare il campo dell'economia comportamentale, grazie alle sue collaborazioni nel corso degli anni con Richard Thaler, vincitore del Premio

Nobel 2017. È stato sposato con la psicologa cognitiva Anne Treisman dal 1978 fino alla sua morte nel 2018, e ha avuto due figli.

CONTESTO E BACKGROUND

La nascita della letteratura sui pregiudizi e le euristiche nel campo della psicologia coincide con l'emergere del campo dell'economia comportamentale, che diventerà un importante sottocampo della disciplina economica. Le euristiche e i pregiudizi sono esempi specifici di tecniche (inconsce) utilizzate nell'ambito di quella che il politologo ed economista Herbert Simon ha identificato come razionalità limitata (1955). A causa delle limitazioni cognitive innate degli esseri umani e dei limiti imposti dall'ambiente in cui vivono, essi non possono agire in modo completamente razionale e quindi sfruttano alcune scorciatoie (euristiche e pregiudizi).

Come appena accennato, Herbert Simon è stato un pioniere nello studio del processo decisionale in condizioni imperfette, introducendo ed elaborando i concetti di razionalità limitata e di soddisfazione. Il satisficing è una strategia decisionale che implica una nozione di soglia di disponibilità. Essa presuppone che gli individui non cerchino *la* migliore alternativa possibile, ma quella che soddisfa un insieme minimo di requisiti.

RIASSUNTO DI *PENSIERI LENTI E VELOCI*

Thinking, Fast and Slow riassume tutta una serie di ricerche indipendenti condotte negli ultimi quarant'anni da Kahneman e Tversky, ma va oltre e offre un quadro concettuale per cercare di capire *perché* la nostra mente commette esattamente questi errori sistematici. Nel primo capitolo Kahneman distingue due tipi di mente:

- Il *sistema 1* funziona in modo automatico e rapido, con uno sforzo minimo o nullo e senza alcun senso di controllo volontario.

- *Il sistema 2* alloca l'attenzione alle attività mentali impegnative richieste, compresi i calcoli complessi. Le operazioni del Sistema 2 spesso sono associate all'esperienza soggettiva dell'agenzia, della scelta e della concentrazione (pp. 20-21).

Il sistema 1 è il sistema automatico che ci accompagna costantemente, anche se è per lo più inconscio. Kahneman lo chiama memoria associativa. Il sistema 2, invece, è il sistema controllato a cui attingiamo meno frequentemente perché nella routine quotidiana tendiamo a non imbatterci in questioni complesse. Il punto che Kahneman cerca di far emergere è che questi due sistemi sono in "contatto" tra loro e che il loro allineamento (o disallineamento) gioca un ruolo cruciale nel determinare la propensione all'errore delle persone.

Solitamente, il rapporto tra i due è in qualche modo gerarchico:

> "*I sistemi 1 e 2 sono entrambi attivi quando siamo svegli. Il Sistema 1 funziona automaticamente e il Sistema 2 è normalmente in una modalità confortevole a basso sforzo, in cui viene impegnata solo una frazione della sua capacità. Il Sistema 1 genera continuamente suggerimenti per il Sistema 2: impressioni, intuizioni, intenzioni e sentimenti. Se approvate dal Sistema 2, le impressioni e le intuizioni si trasformano in convinzioni e gli impulsi in azioni volontarie. Quando tutto va bene, il più delle volte, il Sistema 2 adotta i suggerimenti del Sistema 1 con poche o nessuna modifica*". (p. 24)

I problemi sorgono quando si verificano condizioni fuori dall'ordinario. In queste condizioni, la coordinazione tra i due sistemi può andare a rotoli e il Sistema 2 perde il suo potere di controllo sul Sistema 1: "... Il Sistema 1 è generalmente molto bravo in quello che fa: i suoi modelli di situazioni familiari sono accurati, le sue previsioni a breve termine sono di solito altrettanto accurate e le sue reazioni iniziali alle sfide sono rapide e generalmente appropriate. Il Sistema 1 ha però dei pregiudizi, errori sistematici che è incline a commettere in determinate circostanze" (p. 25).

Quando ciò accade, il Sistema 2 deve intervenire e sostituirsi al Sistema 1: "Quando il Sistema 1 si trova in difficoltà, fa appello al Sistema 2 per sostenere un'elaborazione più dettagliata e specifica che possa risolvere il problema del momento. Il Sistema 2 viene mobilitato quando sorge una domanda per la quale il Sistema 1 non offre una risposta [...]" (p. 24). Il sistema 2 è responsabile di ciò che chiamiamo autocontrollo.

I tre capitoli successivi affrontano i difetti del nostro pensiero che Kahneman e Tversky (e in parte anche altri) hanno individuato nei decenni successivi all'inizio del loro programma di ricerca. I più importanti sono i seguenti:

- **Ancore:** le ancore sono punti di riferimento che influenzano la percezione di una determinata questione. Di per sé questo non è sorprendente, perché usiamo sempre dei riferimenti per dare un senso alle cose, ma il "difetto" è che, indipendentemente dal fatto che l'ancora sia in qualche modo rilevante per l'elemento in questione, apparentemente ha comunque un effetto sul modo in cui percepiamo le cose. Il libro riporta l'esempio di come due numeri casuali su una ruota della fortuna abbiano influenzato la decisione presa dalle persone quando è stato chiesto loro quanti anni avesse Gandhi quando è morto. I numeri non avevano un legame diretto con l'età effettiva di Gandhi al momento della sua morte (78 anni), ma hanno comunque influenzato la risposta delle persone. Il primo numero era 10 e il secondo era 65. Prevedibilmente, le persone che hanno ricevuto il 10 in media hanno stimato in difetto la sua età al momento della morte rispetto a quelle che hanno ricevuto il 65. L'effetto è stato ben documentato per anni, ma la ragione per cui le persone sono suscettibili agli effetti di ancoraggio è rimasta irrisolta fino a poco tempo fa: "Due diversi meccanismi producono effetti di ancoraggio, uno per ogni sistema. C'è una forma di ancoraggio che si verifica in un processo deliberato di adattamento, un'operazione del Sistema 2. E c'è l'ancoraggio che si verifica per effetto di un processo deliberato di adattamento. C'è poi l'ancoraggio che avviene per effetto di priming, una manifestazione automatica del Sistema 1" (p. 120).

- **Disponibilità:** in un certo senso, l'euristica della disponibilità è simile all'euristica dell'ancoraggio perché dipende dal fatto che le persone *vedano* effettivamente qualcosa che dà loro un'impressione sbagliata delle cose. L'immaginazione gioca con la nostra mente perché fa leva sulle debolezze del sistema 1:

> *"Un'immagine estremamente vivida di morte e danno, costantemente rafforzata dall'attenzione dei media e dalle frequenti conversazioni, diventa altamente accessibile, soprattutto se associata a una situazione specifica come la vista di un autobus. L'eccitazione emotiva è associativa, automatica e incontrollata e produce un impulso all'azione protettiva. Il sistema 2 può "sapere" che la probabilità è bassa, ma questa conoscenza non elimina il disagio autogenerato e il desiderio di evitarlo. Il sistema 1 non può essere spento. L'emozione non*

solo è sproporzionata rispetto alla probabilità, ma è anche insensibile all'esatto livello di probabilità". (pp. 322-323)

- **L'effetto dotazione:** l'effetto dotazione, come detto in precedenza, si verifica quando il valore attribuito a un oggetto che si possiede personalmente supera il valore attribuito a un altro oggetto non posseduto, mentre in realtà hanno lo stesso identico valore se considerati oggettivamente. Qual è la causa di questa discrepanza? La causa non risiede in una caratteristica intrinseca associata ai diversi beni, ma nell'obiettivo che essi perseguono: "La caratteristica distintiva è che sia le scarpe che il commerciante vende sia il denaro speso dal proprio budget per queste scarpe sono detenuti "per lo scambio". Sono destinati a essere scambiati con altri beni. Questi altri beni, come il vino e i biglietti per il Super Bowl, sono tenuti "per l'uso", per essere consumati o goduti in altro modo» (p. 294). I beni che vuoi utilizzare hanno per te un valore più alto rispetto ai beni in cambio, quindi quando hai una bella bottiglia di vino, come nell'esempio riportato nel libro, sarai riluttante a separartene, questo a meno che la somma che ti verrà data in cambio non sia notevolmente superiore a quella che eri disposto a spendere per acquistarla.

IMPATTO DI *PENSIERI VELOCI E LENTI*

RICEZIONE

Un libro scritto da un premio Nobel che sintetizza elegantemente una grande quantità di ricerche accademiche è quasi destinato ad attirare un'attenzione significativa, e su questo punto ha avuto successo. È stato ampiamente recensito e lodato, vincendo premi come il National Academy of Sciences Best Book Award, uno dei migliori libri del 2011 per *New York Times Book Review*, uno dei libri dell'anno 2011 per l'*Economist* e uno dei migliori libri di saggistica del 2011 per il *Wall Street Journal*.

Dalla sua prima pubblicazione nel 2011, il libro ha venduto oltre un milione e mezzo di copie, entrando a far parte di numerose classifiche di bestseller come quella del New York Times Bestseller List. Dal punto di vista accademico, è stato recensito da riviste come il *Journal of Economic Literature*.

È uno dei pochi libri scritti da un accademico che riesce a stare a cavallo tra il mondo accademico e il mondo mainstream. Il libro viene utilizzato dagli accademici come libro di testo nei corsi di psicologia ed economia comportamentale o come parte di un elenco di letture per un corso.

CRITICHE ALL'APPROCCIO DI KAHNEMAN

Anche se generalmente accolta positivamente nel mondo accademico, la letteratura sulle euristiche e i bias ha suscitato alcune critiche. Due in particolare meritano di essere sottolineate:

1. È stato sostenuto che l'irrazionalità, come conseguenza del funzionamento delle euristiche e dei pregiudizi, verrà eliminata nel processo di mercato. I prezzi e le allocazioni diventeranno efficienti da un punto di vista economico nonostante i fattori psicologici coinvolti. Un esempio particolare di questo meccanismo nei mercati finanziari è quello di Milton Friedman (1953).

2. La seconda critica riconosce l'influenza che i fattori psicologici hanno sul comportamento individuale, ma sostiene che questi hanno un effetto solo sul comportamento al margine, mentre gli approcci economici standard si occupano del comportamento di primo ordine. Dunque non influisce sulle decisioni fondamentali prese dagli individui (o almeno non in un senso significativo).

Queste critiche sono state generalmente affrontate dalla ricerca empirica, mettendo in dubbio l'efficacia dei meccanismi di mercato discussi.

Una critica più forte è quella sollevata da Andrei Shleifer (2012). La distinzione funzionale tra il Sistema 1 e il Sistema 2 si fa più difficile se osservata da vicino. È davvero vero che il Sistema 2 fornisce un controllo informativo affidabile contro gli errori del Sistema 1? Shleifer sottolinea che le informazioni che il Sistema 2 possiede variano radicalmente tra le persone:

> *"... calcolare 20 x 20 è un compito del Sistema 1 senza sforzo, in gran parte perché gli economisti sono stati selezionati per essere bravi e hanno fatto molta pratica. Ma per molte persone che non sono esperte, questa operazione è faticosa, se non addirittura impossibile, e rientra sicuramente nel Sistema 2. Al contrario, per me avvitare una lampadina è molto da Sistema 2 [...]. Man mano che le persone acquisiscono conoscenze o competenze, i domini dei due sistemi cambiano".* (2012: 4)

Il fatto che il Sistema 2 corregga o meno gli errori commessi dal Sistema 1 sembra dipendere più che altro dalle caratteristiche degli individui interessati e non da una distribuzione generalizzabile della conoscenza tra i due sistemi. Inoltre, i problemi associati ai due sistemi sono teoricamente distinti: come hanno sottolineato Kahneman (e Tversky), le persone falliscono nel pensiero del Sistema 1 perché non pensano ai problemi nel modo giusto. Invece, le persone falliscono nel Sistema 2 a causa della già citata razionalità limitata, il che significa che la soluzione di problemi complessi è di per sé limitata nonostante l'attenzione che vi dedichiamo consapevolmente (ad esempio, nonostante pensiamo a questi problemi nel modo giusto).

Quindi il Sistema 1 e il Sistema 2 sembrano essere processi mentali distinti, il che porta Shleifer a pensare che la visione gerarchica di Kahneman tra 1 e 2 potrebbe non essere confermata dalla ricerca futura: "… ciascuno dei sistemi 1 e 2 sembra essere un insieme di processi mentali distinti. Il Sistema 1 comprende l'attenzione inconscia, la percezione, l'emozione, la memoria, le narrazioni causali automatiche, ecc. Mi preoccupa il fatto che, una volta elaborata la biologia del pensiero, è improbabile che ciò che accade effettivamente nelle nostre teste sia facilmente riconducibile al pensiero veloce e a quello lento". (*ibid.*: 5).

EREDITÀ

Le idee contenute nel libro hanno influenzato in modo fondamentale diversi campi, come la psicologia, l'economia, le scienze politiche, l'economia e la finanza (come dimostra il lavoro di Robert Schiller, vincitore nel 2013 del Premio Nobel per le Scienze Economiche per il suo lavoro sulla finanza comportamentale). Come già accennato, personaggi come Richard Thaler in economia, ma anche Cass Sunstein in giurisprudenza, sono stati strettamente legati per molto tempo ai progetti di ricerca di Kahneman e Tversky.

Un'evoluzione particolarmente significativa del programma di ricerca sulle euristiche e i pregiudizi è stata l'ascesa del campo del paternalismo libertario. Qui Thaler ha collaborato con Sunstein per riflettere sull'impatto che la presenza di carenze cognitive potrebbe avere sulla progettazione delle politiche (si veda la guida al libro *Nudge*, scritto da loro). L'idea è che i governi possano implementare quella che chiamano "architettura delle scelte": un insieme di raccomandazioni che spingono le persone a fare determinate scelte che sono migliori per loro, secondo il giudizio delle persone stesse. Si suppone che queste raccomandazioni funzionino meglio proprio perché si rivolgono alle predisposizioni psicologiche delle persone.

SINTESI

Kahneman definisce una serie di termini chiave relativi ai processi di pensiero umani:

* **Sistema 1: è** il sistema che si occupa di gestire i flussi quotidiani di informazioni che incontriamo. È impulsivo e in gran parte legato al subconscio, ma di solito riesce a svolgere il suo compito perché le cose che ci troviamo ad affrontare sono per lo più situazioni semplici che non richiedono il passaggio al Sistema 2. Il Sistema 1 comprende fondamentalmente capacità umane innate, condivise da quasi tutti, e alcune abilità di base insegnate, come le associazioni tra idee, lettura, sfumature, ecc. Queste conoscenze sono immagazzinate e accessibili dalle persone senza intenzione o sforzo.

* **Sistema 2:** comprende le operazioni che vengono svolte *consapevolmente*: "Le operazioni molto diverse del Sistema 2 hanno una caratteristica in comune: richiedono attenzione e vengono interrotte quando l'attenzione viene distolta" (p. 22). In questo caso le persone si trovano di fronte a un compromesso: la quantità di attenzione disponibile è limitata e quindi possiamo concentrarci solo su un numero limitato di cose in ogni momento. Questo ci porta a guardare alcune cose e a trascurarne altre. La ricerca canonica citata nel libro è l'esperimento in cui si chiede alle persone di concentrarsi su uno dei due gruppi di

persone in un video. Mentre lo fanno, un uomo passa attraverso l'immagine indossando un costume da scimmia. La maggior parte delle persone non si accorge del passaggio della scimmia perché dedica tutta la sua attenzione a un gruppo in particolare, escludendo gli altri elementi.

- **Teoria del Prospetto:** il quadro teorico delle scelte sviluppato da Kahneman e Tversky per spiegare come le persone scelgono nella vita reale, in contrapposizione alle astrazioni utilizzate, ad esempio, nell'economia neoclassica.

- **Euristica:** scorciatoie mentali utilizzate dalle persone per prendere decisioni su determinati argomenti senza avere accesso alle informazioni necessarie per prendere una decisione pienamente informata. Queste euristiche possono essere sia positive che negative, perché le scorciatoie possono essere basate sulle migliori informazioni disponibili, che sono un'approssimazione affidabile, oppure possono distorcere la questione in questione travisando il caso, la causalità, ecc.

ULTERIORI LETTURE

BIBLIOGRAFIA

Kahneman, D. (2011) *Pensare velocemente e lentamente.* New York: Penguin.

FONTI AGGIUNTIVE

Glorieux, D. (2019) *Recensione del libro: Nudge di Richard H. Thaler e Cass S. Sunstein.* Bruxelles: Plurilingua Publishing.

Kahneman, D. & Tversky, A. (1979) Prospect Theory: An Analysis of Decision under Risk. *Econometrica.* 47(2), pp. 263-292.

Shleifer, A. (2012) Psicologi alla porta: A Review of Daniel Kahneman's *Thinking, Fast and Slow. Journal of Economic Literature.* 50(4), pp. 1-12.

Simon, H. (1955) Un modello comportamentale di scelta razionale. *The Quarterly Journal of Economics.* 69(1), pp. 99-118.

Thaler, R. & Sunstein, C. (2009) *Nudge: Migliorare le decisioni su salute, ricchezza e felicità.* New York: Penguin.

Tversky, A. & Kahneman, D. (1974) Judgment under uncertainty: Heuristics and biases. *Science.* 185(4157), pp. 1124-1131.

Tversky, A. & Kahneman, D. (1973) Disponibilità: Un'euristica per giudicare frequenza e probabilità. *Psicologia cognitiva.* 5, pp. 207-232.

Vogliamo sapere la tua opinione!
Lascia un commento sulla tua biblioteca online
e condividi i tuoi libri preferiti sui social media!

Master ISBN: 9782808064897
ISBN cartaceo: 9782808065184
Deposito legale: D/2022/12603/105

Design digitale: Primento,
il partner digitale degli editori.